W9-BJR-954

Mi capital

J. Jean Robertson

Educational Media

rourkeeducationalmedia.com

PHOTO CREDITS: Cover: © Matthew Carrol; Title Page: © Noclip; Page 3: © csreed; Page 5: © LyaC; Page 7: © AP Images; Page 9, 19: © Olga Bogatyrenko; Page: 11: © mikadx; Page 13: © Gary Blakeley; Page 14: © lolie; Page 15: ©RobertDodge; Page 16: © nojustice; Page 17: © jmaehl; Page 20: © narvikk, © sjlocke; Page 21: © National Park Service, Harpers Ferry Center; Page 22: © jmaehl, © Gary Blakeley, © csreed; Page 23: © Olga Bogatyrenko, © LyaC

Edited by Meg Greve
Traducido y editado por Danay Rodríguez.

Cover design by Renee Brady
Interior design by Renee Brady

Library of Congress PCN Data

Mi capital / J. Jean Robertson.
(El Pequeño Mundo de Estudios Sociales)
ISBN 978-1-61590-331-3 (hard cover - english) (alk. paper)
ISBN 978-1-61590-570-6 (soft cover - english)
ISBN 978-1-61741-184-7 (e-Book - english)
ISBN 978-1-63430-126-8 (hard cover - spanish)
ISBN 978-1-63430-152-7 (soft cover - spanish)
ISBN 978-1-63430-178-7 (e-Book - spanish)
Library of Congress Control Number: 2014953695

Also Available as:

Rourke Educational Media
Printed in the United States of America,
North Mankato, Minnesota

Rourke
Educational Media
rourkeeducationalmedia.com
customerservice@rourkeeducationalmedia.com
PO Box 643328 Vero Beach, Florida 32964

Vamos a dar un paseo por la capital de los Estados Unidos, Washington D.C. ¡Vamos a viajar en el **Metro**!

Muchos edificios del gobierno se encuentran en Washington, D.C. y muchas personas trabajan en ellos para que mi país siga funcionando.

Datos de la capital

D.C. son las iniciales de Distrito de Columbia.

Todos los presidentes de los E.E.U.U. excepto el primero, George Washington, han vivido y trabajado en la Casa Blanca.

Datos de la capital

El presidente actual, Barack Obama, vive en la Casa Blanca con su familia: Michelle, Malia, Sasha y su perro llamado Bo.

El Capitolio es el lugar donde los **senadores** y **representantes** de los cincuenta estados se reúnen para elaborar las leyes de nuestro país.

El Pentágono es un edificio inmenso de cinco lados. Las personas que trabajan ahí mantienen mi país protegido.

El Pentágono es el edificio de oficinas más grande del mundo.

En Washington, D.C. hay muchos **memoriales** y monumentos. Algunos están en el Cementerio Nacional de Arlington.

El Memorial de Guerra del Cuerpo de Marines de los Estados Unidos muestra cinco marines y un marinero alzando una bandera estadounidense en Iwo Jima.

Otros forman parte del National Mall.

Memorial a los Veteranos del Vietnam
Los tres soldados

Monumento Nacional a la
Segunda Guerra Mundial

El Monumento a Lincoln honra la memoria de Abraham Lincoln, el presidente número dieciséis de mi país.

Un lugar muy tranquilo en mi capital es la **Catedral** Nacional.

En mi capital también hay museos. ¡El **Instituto Smithsonian** posee 19 museos, 9 centros de investigación y un zoológico!

En mi capital hay mucho que ver y hacer. ¡Vayamos a visitarla!

Viajar en el Metro tiene un costo, ¡pero visitar todos estos lugares únicos es gratis!

La Casa Blanca

Memorial a los Veteranos del Vietnam

Monumento a Lincoln

Monumento a Washington

El Capitolio

Monumento Nacional a la Segunda Guerra Mundial

Los Museos del Smithsonian

Memorial a Roosevelt

Monumento a Jefferson

Glosario Ilustrado

catedral: Una iglesia grande e importante.

El **Instituto Smithsonian**: Museo que lleva el nombre de James Smithson, quien dio todas sus riquezas para crear un lugar de aprendizaje.

memorial: Lugares que se construyen para ayudar a la gente a honrar y recordar a una persona o grupo de personas.

Metro: Es una abreviación para el ferrocarril metropolitano. El Metro es un ferrocarril de la ciudad que funciona por debajo de la tierra.

representantes: Son las personas que se eligen en cada estado cada dos años para ayudar a elaborar las leyes del país.

senadores: Son las personas que en cada estado se eligen cada seis años para ayudar a elaborar las leyes del país. Hay dos senadores por cada estado.

Índice

Sitios Web

www.fbi.gov/fbikids

www.stamps.org/KIDS

www.smithsonianeducation.org/students

www.usmint.gov/kids

Acerca del Autor

A.J. Jean Robertson, también conocida por sus nietos y muchos otros niños como Bushka, le encanta leer, viajar y escribir libros para niños. Después de ser maestra por muchos años, se retiró en San Antonio, Florida, donde vive con su esposo.